Eleanor the Elephant And Other Bilingual French-English Stories for Kids

Pomme Bilingual

Published by Pomme Bilingual, 2024.

ELEANOR THE ELEPHANT AND OTHER BILINGUAL FRENCH-ENGLISH STORIES FOR KIDS

First edition. July 6, 2024.

Copyright © 2024 Pomme Bilingual.

ISBN: 979-8227132338

Written by Pomme Bilingual.

Table of Contents

Le Chapeau Magique de Marius

Dans un petit village en France, vivait un garçon nommé Marius. Il était d'une curiosité insatiable et avait une imagination débordante. Un jour, en se promenant dans la forêt, Marius découvrit un chapeau étrange sur le sol. C'était un haut-de-forme violet avec des étoiles dorées scintillantes et une plume rouge flamboyante. Il le ramassa et le mit sur sa tête, et c'est alors que tout changea.

Le chapeau était magique !

Marius se retrouva soudainement transporté dans un monde fantastique, rempli de créatures merveilleuses et de paysages enchanteurs. Chaque fois qu'il mettait le chapeau, une nouvelle aventure l'attendait. Un jour, il était un chevalier courageux combattant un dragon cracheur de feu, et le lendemain, un explorateur découvrant des trésors enfouis dans une jungle luxuriante.

Mais un jour, en rentrant de l'une de ses aventures, Marius remarqua que le village était en danger. Un sorcier maléfique nommé Malvagio avait jeté un sort sur les villageois, les transformant en statues de pierre. Marius savait qu'il devait agir vite. Il enfila son chapeau magique et demanda de l'aide à ses amis fantastiques. Avec l'aide d'une licorne volante, d'un elfe malin, et d'un géant au cœur d'or, Marius mit au point un plan pour sauver le village.

Ils se rendirent tous au château de Malvagio. Le sorcier, voyant Marius et ses amis arriver, lança des éclairs et des sorts pour les arrêter. Mais le chapeau magique de Marius lui donnait des pouvoirs spéciaux. Il créa un bouclier protecteur autour de ses amis et utilisa la plume rouge du chapeau pour dévier les sorts de Malvagio. Après une bataille épique,

Marius réussit à détruire le bâton magique du sorcier, libérant ainsi les villageois de leur sort.

Le village célébra le courage et l'ingéniosité de Marius. Grâce à son chapeau magique, il avait non seulement vécu des aventures extraordinaires, mais il avait aussi sauvé son village bien-aimé. Le chapeau devint un trésor précieux, transmis de génération en génération, inspirant chaque enfant à croire en la magie et en leur propre potentiel.

Et Marius ? Il continua de vivre des aventures incroyables, prouvant que, même sans chapeau magique, le véritable pouvoir réside dans le cœur et l'imagination.

Marius' Magic Hat

In a small village in France, there lived a boy named Marius. He was insatiably curious and had an overflowing imagination. One day, while walking in the forest, Marius discovered a strange hat on the ground. It was a purple top hat with shimmering golden stars and a flamboyant red feather. He picked it up and put it on his head, and that's when everything changed.

The hat was magical!

Marius suddenly found himself transported to a fantastic world filled with wonderful creatures and enchanting landscapes. Each time he wore the hat, a new adventure awaited him. One day, he was a brave knight fighting a fire-breathing dragon, and the next, an explorer discovering buried treasures in a lush jungle.

But one day, returning from one of his adventures, Marius noticed that the village was in danger. An evil sorcerer named Malvagio had cast a spell on the villagers, turning them into stone statues. Marius knew he had to act quickly. He donned his magic hat and called upon his fantastical friends for help. With the aid of a flying unicorn, a clever elf, and a giant with a heart of gold, Marius devised a plan to save the village.

They all went to Malvagio's castle. The sorcerer, seeing Marius and his friends approaching, cast lightning bolts and spells to stop them. But Marius' magic hat gave him special powers. He created a protective shield around his friends and used the red feather from the hat to deflect Malvagio's spells. After an epic battle, Marius managed to destroy the sorcerer's magic staff, freeing the villagers from their curse.

The village celebrated Marius' courage and ingenuity. Thanks to his magic hat, he had not only experienced extraordinary adventures but had also saved his beloved village. The hat became a treasured heirloom, passed down from generation to generation, inspiring every child to believe in magic and their own potential.

And Marius? He continued to live incredible adventures, proving that, even without a magic hat, true power lies in the heart and imagination.

L'Explorateur au Parapluie Rouge

⸻

Dans un petit village paisible niché au pied des montagnes, vivait un jeune garçon nommé Lucas. Lucas n'était pas un garçon ordinaire. Il avait un parapluie rouge, qu'il emportait partout avec lui. Ce parapluie était spécial, car il appartenait autrefois à son grand-père, un célèbre explorateur qui avait parcouru le monde entier. Lucas rêvait de suivre ses traces, et il savait que le parapluie rouge serait son allié fidèle.

Un jour, alors qu'il jouait près de la rivière, Lucas entendit un murmure étrange. Curieux, il ouvrit son parapluie rouge et prononça les mots magiques que son grand-père lui avait appris : "Vent et pluie, guidez mes pas, vers l'aventure et au-delà !" Soudain, une rafale de vent s'éleva, et Lucas fut emporté dans les airs, au-dessus des montagnes et des vallées.

Il atterrit en douceur dans une forêt luxuriante et mystérieuse. Devant lui se tenait une créature étrange, mi-licorne, mi-dragon. La créature, nommée Argentéa, expliqua à Lucas que la forêt était en danger. Une sorcière maléfique, Malicia, avait volé le Cristal de Lumière, la source de la magie et de la vie de la forêt. Sans le cristal, tout se flétrirait et mourrait.

Lucas savait qu'il devait retrouver le Cristal de Lumière. Il ouvrit son parapluie rouge, et une carte magique apparut à l'intérieur. Elle montrait le chemin vers le château de Malicia, situé au sommet d'une montagne noire et menaçante. Sans hésiter, Lucas et Argentéa se mirent en route.

Le voyage fut long et périlleux. Ils traversèrent des marais fétides, escaladèrent des falaises abruptes, et échappèrent aux griffes de créatures sauvages. Chaque fois qu'ils étaient en danger, Lucas utilisait son parapluie rouge pour se protéger ou pour invoquer des rafales de vent qui les poussaient hors de portée du danger.

Arrivés au château de Malicia, ils durent affronter des gardiens de pierre et des pièges ensorcelés. Lucas, avec son courage et son intelligence, réussit à déjouer les pièges et à désactiver les gardiens. Ils entrèrent dans la salle du trône où Malicia les attendait, un sourire maléfique sur les lèvres.

"Tu crois pouvoir me vaincre, petit garçon ?" ricana-t-elle. "Je suis invincible avec le Cristal de Lumière !"

Mais Lucas ne se laissa pas intimider. Il ouvrit son parapluie rouge et prononça une incantation que son grand-père lui avait racontée dans ses histoires. Un éclat lumineux jaillit du parapluie, aveuglant Malicia et brisant le sortilège. Le Cristal de Lumière s'échappa de ses mains et vola vers Lucas, qui le saisit avec détermination.

La forêt retrouva immédiatement sa splendeur, et Malicia, privée de sa magie, disparut dans un nuage de fumée noire. Lucas et Argentéa retournèrent dans la forêt, où les créatures les accueillirent avec des acclamations de joie. Le Cristal de Lumière fut replacé à sa place, et la forêt fut sauvée.

Lucas rentra chez lui, où il fut accueilli en héros par les villageois. Il avait prouvé que, même sans expérience, un cœur courageux et un esprit astucieux pouvaient accomplir de grandes choses. Son parapluie rouge devint un symbole de bravoure et d'aventure, et les enfants du village rêvaient de vivre un jour leurs propres aventures extraordinaires.

Lucas continua à explorer le monde, toujours accompagné de son fidèle parapluie rouge, découvrant des merveilles et aidant ceux qui en avaient besoin. Il savait que tant qu'il croyait en lui-même et en la magie du parapluie, rien n'était impossible.

Et ainsi, le garçon et son parapluie rouge devinrent légendaires, inspirant des générations à suivre leurs rêves et à embrasser l'aventure avec courage et détermination.

The Explorer with the Red Umbrella

In a peaceful little village nestled at the foot of the mountains, there lived a young boy named Lucas. Lucas was not an ordinary boy. He had a red umbrella that he took everywhere with him. This umbrella was special because it once belonged to his grandfather, a famous explorer who had traveled the world. Lucas dreamed of following in his footsteps, and he knew that the red umbrella would be his faithful ally.

One day, while playing near the river, Lucas heard a strange whisper. Curious, he opened his red umbrella and spoke the magic words his grandfather had taught him: "Wind and rain, guide my way, to adventure and beyond!" Suddenly, a gust of wind lifted Lucas into the air, carrying him over mountains and valleys.

He landed softly in a lush, mysterious forest. Before him stood a strange creature, part unicorn, part dragon. The creature, named Argentéa, explained to Lucas that the forest was in danger. An evil witch, Malicia, had stolen the Crystal of Light, the source of the forest's magic and life. Without the crystal, everything would wither and die.

Lucas knew he had to find the Crystal of Light. He opened his red umbrella, and a magical map appeared inside. It showed the way to Malicia's castle, perched atop a dark and menacing mountain. Without hesitation, Lucas and Argentéa set off on their journey.

The journey was long and perilous. They crossed fetid swamps, climbed steep cliffs, and escaped the clutches of wild creatures. Whenever they were in danger, Lucas used his red umbrella to protect them or to summon gusts of wind that pushed them out of harm's way.

Upon reaching Malicia's castle, they had to face stone guardians and enchanted traps. Lucas, with his courage and intelligence, managed to outsmart the traps and deactivate the guardians. They entered the throne room where Malicia awaited them, a wicked smile on her lips.

"You think you can defeat me, little boy?" she sneered. "I am invincible with the Crystal of Light!"

But Lucas was not intimidated. He opened his red umbrella and recited an incantation his grandfather had told him in his stories. A brilliant light burst from the umbrella, blinding Malicia and breaking the spell. The Crystal of Light escaped her grasp and flew to Lucas, who caught it with determination.

The forest immediately regained its splendor, and Malicia, deprived of her magic, vanished in a cloud of black smoke. Lucas and Argentéa returned to the forest, where the creatures greeted them with cheers of joy. The Crystal of Light was placed back in its rightful place, and the forest was saved.

Lucas returned home, where he was welcomed as a hero by the villagers. He had proven that, even without experience, a brave heart and a clever mind could accomplish great things. His red umbrella became a symbol of bravery and adventure, and the village children dreamed of one day living their own extraordinary adventures.

Lucas continued to explore the world, always accompanied by his trusty red umbrella, discovering wonders and helping those in need. He knew that as long as he believed in himself and in the magic of the umbrella, nothing was impossible.

And so, the boy and his red umbrella became legendary, inspiring generations to follow their dreams and embrace adventure with courage and determination.

Le Hérisson et la Quête du Médaillon Magique

Dans une petite clairière cachée au cœur d'une forêt ancienne et magique, vivait un hérisson nommé Horace. Horace n'était pas un hérisson ordinaire. Il avait des piquants scintillants qui brillaient sous la lumière du soleil et un flair pour les aventures incroyables. Sa grande passion était d'explorer les mystères de la forêt, mais il avait toujours rêvé de découvrir un trésor légendaire dont il avait entendu parler dans les contes de son grand-père.

Un jour, alors qu'il se promenait près d'un vieux chêne, Horace trouva une vieille carte poussiéreuse. La carte était ornée de dessins étranges et de symboles mystérieux. En son centre se trouvait un dessin d'un médaillon magique, entouré de montagnes, de rivières et de labyrinthes. Horace, les yeux brillants d'excitation, sut immédiatement qu'il avait trouvé un indice vers le trésor de ses rêves : le Médaillon Magique de Mésopotamie.

Le Médaillon Magique était censé conférer des pouvoirs extraordinaires à celui qui le possédait. Il pouvait faire apparaître des étoiles filantes, transformer les mauvais rêves en doux songes et même parler aux animaux. Horace décida de partir à l'aventure pour le trouver. Il se prépara avec soin : un petit sac rempli de baies, une gourde d'eau et, bien sûr, une loupe pour examiner les détails les plus fins de la carte.

Son premier défi fut de traverser la rivière Murmurante, qui serpentait à travers la forêt. La rivière était connue pour ses courants rapides et ses poissons farceurs qui aimaient jouer des tours aux voyageurs. En s'approchant de l'eau, Horace vit un groupe de grenouilles qui sautaient de pierre en pierre. Avec un sourire malicieux, il les interrogea sur le passage sécurisé. Les grenouilles, amusées par la détermination du petit hérisson, lui montrèrent un chemin caché sous les nénuphars.

Après avoir traversé la rivière, Horace arriva au pied des Montagnes Grises, connues pour leurs sommets brumeux et leurs sentiers escarpés. Il s'aventura sur le sentier sinueux, en utilisant la carte pour naviguer parmi les rochers et les crevasses. Alors qu'il avançait, il rencontra un vieux hibou sage perché sur une branche. Le hibou, nommé Archibald, offrit son aide en échange d'une énigme. Horace accepta avec enthousiasme et résolut l'énigme avec brio, prouvant sa bravoure et son intelligence.

Le hibou révéla un raccourci secret à travers les montagnes, menant directement à la Caverne Éclairée. Horace remercia Archibald et emprunta le raccourci, émergeant devant une grotte scintillante où des cristaux de toutes les couleurs illuminaient les parois. La caverne semblait magique et mystérieuse, mais Horace savait qu'il devait rester vigilant. Il entra prudemment, les yeux scrutant les coins obscurs.

À l'intérieur, Horace découvrit un vieux dragon endormi, enroulé autour d'un coffre en or. Le dragon était si vieux qu'il avait presque disparu dans la poussière. Horace se rappela les contes de son grand-père qui parlaient de dragons gardiens de trésors. Avec précaution, il s'approcha du coffre et, d'une voix douce, parla au dragon pour ne pas le réveiller.

"Bonjour, noble dragon," dit Horace. "Je suis Horace, et je suis en quête du Médaillon Magique de Mésopotamie. Puis-je jeter un coup d'œil dans ce coffre, s'il vous plaît ?"

Le dragon ouvrit un œil et regarda Horace avec curiosité. Il se leva lentement, ses écailles cliquetantes résonnant dans la caverne.

"Ah, un jeune aventurier courageux," dit le dragon d'une voix grondante mais bienveillante. "Le Médaillon Magique est effectivement ici, mais il est protégé par un sort. Seule une âme pure peut le retirer du coffre."

Horace ferma les yeux, inspira profondément, et pensa à toutes les personnes qu'il avait aidées et aux actes de gentillesse qu'il avait accompli. Il tendit la patte avec précaution et ouvrit le coffre. À l'intérieur, scintillait le Médaillon Magique. Horace le prit avec soin et le mit autour de son cou.

Dès qu'il posa le médaillon autour de son cou, une lumière dorée envahit la caverne, et le dragon se transforma en une brume légère avant de s'évanouir dans le ciel. Horace ressentit une vague de chaleur et de bonheur. Le médaillon ne lui donna pas seulement des pouvoirs magiques, mais il renforça aussi ses qualités de courage et de gentillesse.

Lorsque Horace retourna au village, il utilisa le médaillon pour aider les autres animaux et apporter de la joie. Il transforma les nuits de cauchemars des petits animaux en doux rêves et fit apparaître des étoiles filantes pour éclairer les nuits sombres. Les habitants de la forêt, émerveillés par les pouvoirs du médaillon et la bravoure de Horace, le célébrèrent comme un héros.

Le Médaillon Magique de Mésopotamie resta autour du cou de Horace, non pas comme un simple bijou, mais comme un symbole de l'aventure et de l'amitié. Horace continua à explorer, à aider ceux dans le besoin, et à répandre la magie et la gentillesse dans toute la forêt.

Son histoire se répandit à travers la forêt, inspirant les jeunes animaux à poursuivre leurs rêves et à croire en leur propre courage. Et ainsi, Horace, le hérisson aventureux avec son médaillon magique, devint une légende vivante dans le cœur de tous ceux qui croyaient en la magie des contes et à la force de l'amitié.

The Hedgehog and the Quest for the Magic Medallion

In a small glade hidden in the heart of an ancient and magical forest, lived a hedgehog named Horace. Horace was not an ordinary hedgehog. He had glittering quills that sparkled in the sunlight and a flair for incredible adventures. His greatest passion was exploring the mysteries of the forest, but he had always dreamed of discovering a legendary treasure he had heard about in his grandfather's tales.

One day, while walking near an old oak tree, Horace found an old dusty map. The map was adorned with strange drawings and mysterious symbols. In its center was a picture of a magic medallion, surrounded by mountains, rivers, and mazes. Horace, with eyes shining with excitement, immediately knew he had found a clue to the treasure of his dreams: the Mesopotamian Magic Medallion.

The Magic Medallion was said to grant extraordinary powers to its possessor. It could make shooting stars appear, turn bad dreams into sweet dreams, and even allow one to speak with animals. Horace decided to embark on an adventure to find it. He prepared carefully: a small bag filled with berries, a water bottle, and of course, a magnifying glass to examine the fine details of the map.

His first challenge was to cross the Murmuring River, which snaked through the forest. The river was known for its swift currents and mischievous fish that liked to play tricks on travelers. As he approached the water, Horace saw a group of frogs jumping from stone to stone. With a mischievous smile, he asked them for the safest path. The frogs, amused by the little hedgehog's determination, showed him a hidden route beneath the water lilies.

After crossing the river, Horace arrived at the base of the Grey Mountains, known for their misty peaks and steep trails. He ventured onto the winding path, using the map to navigate among rocks and crevices. As he advanced, he encountered a wise old owl perched on a branch. The owl, named Archibald, offered his help in exchange for a riddle. Horace eagerly accepted and solved the riddle brilliantly, proving his bravery and intelligence.

The owl revealed a secret shortcut through the mountains, leading directly to the Glowing Cave. Horace thanked Archibald and took the shortcut, emerging in front of a shimmering cave where crystals of all colors illuminated the walls. The cave seemed magical and mysterious, but Horace knew he had to stay vigilant. He entered cautiously, his eyes scanning the dark corners.

Inside, Horace discovered an old dragon asleep, coiled around a golden chest. The dragon was so old that it had almost faded into the dust. Horace recalled the tales his grandfather told him about dragons guarding treasures. Carefully, he approached the chest and, in a soft voice, spoke to the dragon so as not to wake it.

"Hello, noble dragon," said Horace. "I am Horace, and I am on a quest for the Mesopotamian Magic Medallion. May I have a look in this chest, please?"

The dragon opened one eye and looked at Horace with curiosity. It slowly rose, its clinking scales resonating in the cave.

"Ah, a brave young adventurer," said the dragon in a deep but kind voice. "The Magic Medallion is indeed here, but it is protected by a spell. Only a pure-hearted soul can retrieve it from the chest."

Horace closed his eyes, took a deep breath, and thought of all the people he had helped and the acts of kindness he had performed. He extended his paw carefully and opened the chest. Inside, the Magic Medallion glittered. Horace took it gently and placed it around his neck.

As soon as he put the medallion around his neck, a golden light filled the cave, and the dragon transformed into a light mist before vanishing into the sky. Horace felt a wave of warmth and happiness. The medallion not only gave him magical powers but also strengthened his qualities of courage and kindness.

When Horace returned to the village, he used the medallion to help other animals and bring joy. He turned the nightmares of little animals into sweet dreams and made shooting stars appear to light up dark nights. The forest inhabitants, amazed by the medallion's powers and Horace's bravery, celebrated him as a hero.

The Magic Medallion of Mesopotamia remained around Horace's neck, not just as a simple jewel but as a symbol of adventure and friendship. Horace continued to explore, help those in need, and spread magic and kindness throughout the forest.

His story spread through the forest, inspiring young animals to chase their dreams and believe in their own courage. And so, Horace, the adventurous hedgehog with his magic medallion, became a living legend in the hearts of all who believed in the magic of tales and the strength of friendship.

Le Dinosaure Disparu de Dinoville

Dans une vallée verdoyante, entourée de collines ondulantes et de rivières scintillantes, se trouvait une ville très spéciale nommée Dinoville. Dinoville n'était pas comme les autres villes ; c'était une ville peuplée de dinosaures de toutes sortes. Des diplodocus aux tyrannosaures, des tricératops aux vélociraptors, chaque rue résonnait des bruits fascinants de ces créatures préhistoriques.

Au cœur de Dinoville vivait un jeune dinosaure très particulier nommé Dino. Dino était un petit diplodocus au cœur aussi grand que sa taille. Avec ses longues pattes et son cou extensible, il était connu pour être le dinosaure le plus curieux et le plus amical de la ville.

Un matin ensoleillé, alors que les rayons du soleil dansaient sur les feuilles des arbres géants, un événement étrange se produisit. Le Grand Horloge de Dinoville, une horloge monumentale en forme de dinosaure, sonna douze fois, mais au lieu d'un doux carrefour musical, il émit un bruit sinistre et grinçant. Les dinosaures se rassemblèrent en une foule inquiète autour de l'horloge. Le maire de Dinoville, un vieux diplodocus sage nommé Professeur Longus, s'avança pour parler.

"Mes chers amis," commença Professeur Longus, "nous avons un problème. Le Jardin des Étoiles a disparu ! Il était autrefois un lieu de beauté et de paix, mais maintenant, il semble que tout le jardin ait été enlevé de notre monde."

La foule murmura de confusion et de désespoir. Dino, les yeux remplis de détermination, leva la patte.

"Je vais retrouver le Jardin des Étoiles," annonça-t-il avec courage. "Je suis sûr que je peux le faire si nous travaillons ensemble."

Professeur Longus sourit avec fierté et donna à Dino une vieille carte qu'il avait trouvée dans les archives de la ville. La carte était ancienne et usée, mais elle montrait un chemin mystérieux vers des lieux inconnus. Avec la carte en main et des adieux encourageants de la part des habitants de Dinoville, Dino se lança dans sa quête.

La première étape de son voyage le mena à travers la Forêt des Échos, une forêt dense où les arbres semblaient murmurer des secrets. Dino marchait prudemment, écoutant attentivement les sons étranges. Tout à coup, il entendit un cri aigü et se tourna pour voir une famille de ptérodactyles qui volait en rond autour d'un arbre géant.

"Bonjour, petits ptérodactyles," salua Dino. "Pouvez-vous m'aider ? Je suis à la recherche du Jardin des Étoiles."

Les ptérodactyles, voyant la sincérité dans les yeux de Dino, décidèrent de l'aider. Ils l'emmenèrent à travers la forêt en volant haut dans les airs pour éviter les pièges et les obstacles. Grâce à leur aide, Dino atteignit une clairière cachée où se trouvait un ancien portail de pierre couvert de lierre.

Le portail semblait magique, avec des inscriptions anciennes et des pierres précieuses incrustées dans la pierre. Dino toucha les inscriptions avec ses petites pattes, essayant de comprendre leur signification. Alors qu'il examinait le portail, il découvrit un vieux livre enroulé dans une corde en cuir. Le livre était rempli de cartes et d'énigmes, chacune fournissant des indices sur le Jardin des Étoiles.

Dino étudia le livre et trouva une énigme qui disait : "Pour ouvrir le portail, il te faut trouver la clé cachée sous le ciel étoilé."

Avec l'aide des ptérodactyles, Dino se rendit à la montagne Lumière, un sommet élevé connu pour ses nuits étoilées spectaculaires. À la nuit tombée, le ciel se couvrit d'étoiles scintillantes. Dino chercha sous les pierres et parmi les rochers, jusqu'à ce qu'il trouve une petite clé en or cachée sous un vieux chêne. La clé était ornée d'étoiles et brillait doucement à la lumière des étoiles.

Dino retourna à l'ancien portail avec la clé et inséra la clé dans la serrure. Le portail s'ouvrit dans un éclat de lumière éblouissant, révélant un chemin bordé de fleurs lumineuses et de lianes scintillantes. Dino suivit le chemin avec excitation, son cœur battant d'anticipation.

Le chemin le conduisit à un autre portail, cette fois-ci orné de sculptures de dinosaures en pierre. L'énigme suivante disait : "Pour entrer, chante une mélodie de courage et d'espoir."

Dino, qui avait toujours aimé chanter des chansons joyeuses, se mit à chanter une chanson qu'il avait apprise de sa maman. Sa voix, douce et mélodieuse, remplit l'air. Le portail s'ouvrit lentement, laissant passer Dino dans un jardin éblouissant.

Le Jardin des Étoiles était encore plus magnifique que Dino ne l'avait imaginé. Des fleurs éclatantes de couleurs impossibles se balançaient doucement dans la brise, et des arbres aux feuilles argentées scintillaient sous la lumière des étoiles. Au centre du jardin se trouvait un grand bassin où l'eau était claire comme du cristal et brillait comme des étoiles.

Mais ce qui était encore plus étonnant, c'était un dinosaure géant, le Gardien des Étoiles, qui veillait sur le jardin. Il était sage et majestueux, avec des écailles dorées et des yeux étincelants. Le Gardien des Étoiles se pencha vers Dino avec un sourire bienveillant.

"Bienvenue, jeune aventurier," dit le Gardien avec une voix profonde mais douce. "Tu as trouvé le Jardin des Étoiles et nous te sommes reconnaissants."

Dino, émerveillé, demanda au Gardien pourquoi le jardin avait disparu de Dinoville. Le Gardien expliqua que le jardin avait été enlevé pour le protéger d'un danger imminent. Un volcan proche menaçait de tout engloutir, et le jardin avait été déplacé pour garantir sa sécurité.

"Maintenant que tu as trouvé le jardin et que le danger est passé," poursuivit le Gardien, "nous pouvons ramener le jardin à Dinoville. Tu es un vrai héros pour avoir retrouvé notre refuge."

Dino retourna à Dinoville avec le Gardien des Étoiles et l'ensemble du Jardin des Étoiles, maintenant restauré dans toute sa splendeur. Les habitants de Dinoville accueillirent le jardin avec une immense joie, et une grande célébration fut organisée pour honorer Dino. La ville était illuminée de lanternes colorées et remplie de musique et de danse.

Dino fut salué comme un héros non seulement pour avoir retrouvé le jardin, mais aussi pour avoir prouvé que la détermination, le courage et l'amitié pouvaient surmonter n'importe quel obstacle. Le Jardin des Étoiles demeura un lieu de beauté et de paix, un symbole de l'aventure et de la persévérance.

Chaque nuit, lorsque les étoiles brillaient dans le ciel, les dinosaures de Dinoville se souvenaient des aventures de Dino et des merveilles qu'il avait découvertes. Et Dino, le petit diplodocus courageux, continua à explorer et à rêver, montrant à tous que même le plus petit des dinosaures pouvait réaliser de grandes choses avec un cœur déterminé et un esprit audacieux.

The Missing Dinosaur of Dinoville

In a lush valley, surrounded by rolling hills and sparkling rivers, lay a very special town named Dinoville. Dinoville was not like other towns; it was populated by dinosaurs of all kinds. From diplodocus to tyrannosaurus, from triceratops to velociraptors, every street echoed with the fascinating sounds of these prehistoric creatures.

In the heart of Dinoville lived a very special young dinosaur named Dino. Dino was a small diplodocus with a heart as big as his size. With his long legs and extending neck, he was known as the friendliest and most curious dinosaur in town.

One sunny morning, as the sunlight danced on the leaves of the giant trees, a strange event occurred. The Grand Clock of Dinoville, a monumental clock shaped like a dinosaur, chimed twelve times, but instead of a gentle musical chime, it emitted a sinister and grating sound. The dinosaurs gathered in a worried crowd around the clock. The mayor of Dinoville, a wise old diplodocus named Professor Longus, stepped forward to speak.

"My dear friends," began Professor Longus, "we have a problem. The Garden of Stars has disappeared! It was once a place of beauty and peace, but now it seems the entire garden has been removed from our world."

The crowd murmured with confusion and despair. Dino, with eyes filled with determination, raised his paw.

"I will find the Garden of Stars," he announced courageously. "I'm sure I can do it if we work together."

Professor Longus smiled with pride and handed Dino an old map he had found in the city archives. The map was ancient and worn, but it showed a mysterious path to unknown places. With the map in hand and heartfelt farewells from the inhabitants of Dinoville, Dino set off on his quest.

The first stage of his journey took him through the Echo Forest, a dense forest where the trees seemed to whisper secrets. Dino walked cautiously, listening carefully to the strange sounds. Suddenly, he heard a high-pitched cry and turned to see a family of pterodactyls flying around a giant tree.

"Hello, little pterodactyls," greeted Dino. "Can you help me? I'm searching for the Garden of Stars."

The pterodactyls, seeing the sincerity in Dino's eyes, decided to assist him. They flew high above the forest to avoid traps and obstacles. With their help, Dino reached a hidden clearing where an ancient stone portal covered in ivy stood.

The portal looked magical, with ancient inscriptions and precious stones embedded in the stone. Dino touched the inscriptions with his small paws, trying to understand their meaning. As he examined the portal, he discovered an old book wrapped in a leather cord. The book was filled with maps and riddles, each providing clues to the Garden of Stars.

Dino studied the book and found a riddle that read: "To open the portal, you must find the key hidden under the starry sky."

With the help of the pterodactyls, Dino traveled to the Mountain of Light, a high peak known for its spectacular starry nights. At dusk, the sky was covered with sparkling stars. Dino searched under stones and among rocks until he found a small golden key hidden beneath an old oak tree. The key was adorned with stars and shone softly in the starlight.

Dino returned to the ancient portal with the key and inserted it into the lock. The portal opened with a dazzling burst of light, revealing a path lined with glowing flowers and shimmering vines. Dino followed the path with excitement, his heart pounding with anticipation.

The path led him to another portal, this time adorned with stone dinosaur sculptures. The next riddle said: "To enter, sing a melody of courage and hope."

Dino, who had always enjoyed singing cheerful songs, began to sing a song he had learned from his mother. His voice, soft and melodious, filled the air. The portal opened slowly, allowing Dino to enter a breathtaking garden.

The Garden of Stars was even more magnificent than Dino had imagined. Vibrant flowers of impossible colors swayed gently in the breeze, and trees with silver leaves shimmered in the starlight. At the center of the garden was a large pond where the water was as clear as crystal and sparkled like stars.

But what was even more amazing was a giant dinosaur, the Guardian of Stars, who watched over the garden. He was wise and majestic, with golden scales and sparkling eyes. The Guardian of Stars bent down to Dino with a benevolent smile.

"Welcome, young adventurer," said the Guardian in a deep yet gentle voice. "You have found the Garden of Stars and we are grateful."

Dino, in awe, asked the Guardian why the garden had disappeared from Dinoville. The Guardian explained that the garden had been removed to protect it from an imminent danger. A nearby volcano threatened to engulf everything, and the garden had been moved to ensure its safety.

"Now that you have found the garden and the danger has passed," continued the Guardian, "we can return the garden to Dinoville. You are a true hero for having found our refuge."

Dino returned to Dinoville with the Guardian of Stars and the entire Garden of Stars, now restored in all its splendor. The inhabitants of Dinoville welcomed the garden with immense joy, and a grand celebration was held to honor Dino. The city was lit up with colorful lanterns and filled with music and dance.

Dino was celebrated not only for having found the garden but also for proving that determination, courage, and friendship could overcome any obstacle. The Garden of Stars remained a place of beauty and peace, a symbol of adventure and perseverance.

Every night, as the stars shone in the sky, the dinosaurs of Dinoville remembered Dino's adventures and the wonders he had discovered. And Dino, the brave little diplodocus, continued to explore and dream, showing everyone that even the smallest dinosaur could achieve great things with a determined heart and a bold spirit.

La Giraffe Géante et le Mystère de la Forêt Enchantée

Dans une vaste savane où le ciel était toujours d'un bleu éclatant, vivait une girafe nommée Gisèle. Gisèle n'était pas une girafe ordinaire ; elle était une girafe géante, bien plus grande que ses amis. Avec son long cou élégant qui semblait toucher les nuages et ses pattes élancées qui se balançaient comme des collines ondulantes, Gisèle était la plus grande et la plus gentille créature de la savane.

Tous les animaux de la savane admiraient Gisèle non seulement pour sa taille imposante, mais aussi pour son cœur immense et sa gentillesse sans égale. Gisèle aimait explorer les recoins cachés de la savane, mais son endroit préféré était la mystérieuse Forêt Enchantée, un lieu entouré de légendes et de mystères.

La Forêt Enchantée était connue pour ses arbres gigantesques dont les branches semblaient effleurer le ciel et ses fleurs lumineuses qui émettaient une lueur douce la nuit. Mais il y avait quelque chose d'encore plus mystérieux dans la forêt : un vieux chêne enchanté qui était dit avoir le pouvoir de réaliser les souhaits les plus chers.

Un matin, alors que le soleil se levait lentement et que les oiseaux chantaient joyeusement, Gisèle décida de se rendre à la Forêt Enchantée pour faire un souhait spécial. Depuis des semaines, elle avait un rêve très important : elle souhaitait que tous les animaux de la savane puissent goûter les fruits magiques qui croissaient uniquement dans la forêt, mais dont le goût était si délicieux qu'ils pouvaient rendre n'importe quel jour spécial.

Alors qu'elle s'avançait vers la forêt, Gisèle rencontra un groupe de petits animaux qui semblaient affolés. Il y avait une tortue nommée Théo, un lapin nommé Léon, et un hérisson nommé Hélène. Théo était particulièrement agité, ses petites pattes tremblantes.

"Que se passe-t-il, mes amis ?" demanda Gisèle avec une voix douce et réconfortante.

Théo répondit avec anxiété : "La Forêt Enchantée est en danger ! Des bruits étranges ont été entendus la nuit dernière et la grande rivière qui traverse la forêt est devenue tumultueuse. Nous avons peur que quelque chose de terrible se produise."

Gisèle se pencha pour examiner les visages inquiets des petits animaux. Elle avait entendu des histoires sur des phénomènes étranges dans la Forêt Enchantée, mais elle n'avait jamais vu quoi que ce soit de ce genre. Elle décida immédiatement qu'elle devait aider ses amis et sauver la forêt.

"Ne vous inquiétez pas," dit-elle avec assurance. "Je vais aller voir ce qui se passe dans la Forêt Enchantée. Peut-être que je pourrai trouver une solution pour calmer la rivière et rétablir la paix dans la forêt."

Avec les encouragements de ses amis, Gisèle se dirigea vers la Forêt Enchantée. Elle marcha avec précaution, ses grands yeux observant les arbres majestueux et les fleurs éclatantes qui bordaient le sentier. En s'approchant de la rivière tumultueuse, elle entendit des bruits étranges et vit des éclairs d'une lumière verdâtre illuminant les arbres.

La rivière était en effet devenue tumultueuse, avec des vagues qui se déchaînaient et des éclats d'eau qui éclaboussaient partout. Gisèle s'avança lentement vers la rivière, ses longues jambes marchant avec prudence sur les pierres glissantes. Elle regarda autour d'elle pour essayer de comprendre ce qui pourrait causer un tel chaos.

C'est alors qu'elle aperçut une silhouette étrange derrière un grand rocher. C'était un petit dragon, avec des écailles scintillantes et de grands yeux curieux. Le dragon semblait être en train de jongler avec des boules de lumière verte qui créaient les éclairs étranges dans la rivière.

"Bonjour," dit Gisèle d'une voix amicale. "Je suis Gisèle, et je suis venue ici pour voir pourquoi la rivière est devenue si agitée. Peux-tu m'expliquer ce qui se passe ?"

Le dragon, un jeune dragon nommé Drago, baissa les boules de lumière et regarda Gisèle avec une expression de regret.

"Je suis vraiment désolé," dit Drago avec une voix timide. "Je suis Drago, et je suis en train d'apprendre à contrôler mes pouvoirs de lumière. La nuit dernière, j'ai accidentellement laissé échapper des éclairs de lumière dans la rivière, ce qui a causé ce tumulte. Je ne voulais pas causer de problèmes."

Gisèle, avec son cœur plein de compassion, comprit que Drago ne voulait pas de mal. Elle se pencha vers lui et essaya de le rassurer.

"Ce n'est pas grave, Drago. Nous pouvons travailler ensemble pour résoudre ce problème. Peut-être que tu pourrais m'aider à calmer la rivière et rétablir l'équilibre dans la forêt."

Drago hocha la tête avec gratitude et se mit à aider Gisèle. Ensemble, ils essayèrent diverses méthodes pour calmer la rivière, mais rien ne semblait fonctionner. Les éclairs de lumière verte continuaient de jaillir et les vagues restaient tumultueuses.

Soudain, Gisèle se souvint de la vieille légende du vieux chêne enchanté. Selon la légende, le chêne avait le pouvoir de restaurer l'équilibre de la forêt et d'apporter la paix. Elle proposa à Drago d'aller chercher l'aide du vieux chêne.

Ensemble, ils se rendirent au centre de la forêt où se trouvait le vieux chêne. Le chêne était immense et majestueux, avec des branches qui s'étendaient comme des bras protecteurs. Gisèle et Drago se tinrent devant le chêne et expliquèrent leur situation.

"Vénérable Chêne," dit Gisèle avec respect, "nous avons besoin de votre aide. La rivière est devenue tumultueuse et nous avons besoin de restaurer l'équilibre dans la forêt. Pouvez-vous nous aider à résoudre ce problème ?"

Le vieux chêne, avec une voix profonde et résonnante, répondit : "Je peux vous aider, mais pour restaurer l'équilibre, vous devez me prouver que vous avez un cœur pur et une volonté d'aider les autres. Vous devez accomplir une tâche difficile : apporter l'eau de la source de la sagesse, cachée au sommet de la montagne des Étoiles."

Gisèle et Drago acceptèrent immédiatement le défi. La montagne des Étoiles était connue pour ses pentes raides et ses chemins dangereux. Ils se mirent en route, déterminés à accomplir la tâche et à sauver la Forêt Enchantée.

Le voyage fut ardu. Ils durent traverser des ravins profonds, escalader des rochers escarpés et se frayer un chemin à travers des buissons épineux. Mais Gisèle, avec sa taille imposante et ses longues pattes, aida Drago à surmonter les obstacles. Drago, quant à lui, utilisa ses pouvoirs de lumière pour éclairer le chemin et repousser les créatures hostiles.

Après plusieurs jours d'efforts, ils atteignirent enfin le sommet de la montagne des Étoiles. Là, ils trouvèrent la source de la sagesse, une fontaine cristalline qui coulait doucement au milieu d'un jardin de fleurs lumineuses. Gisèle et Drago remplirent un grand récipient avec l'eau de la source et commencèrent leur descente.

Le retour fut plus rapide, car ils avaient maintenant une nouvelle source d'énergie et de motivation. En arrivant au vieux chêne, Gisèle et Drago versèrent l'eau de la source dans la rivière tumultueuse. Dès que l'eau toucha la surface, la rivière commença à se calmer, les vagues se réduisant et les éclairs de lumière verdâtre s'évanouissant.

La Forêt Enchantée retrouva son calme et sa beauté d'origine. Les arbres se balançaient doucement, les fleurs brillaient encore plus intensément, et les animaux se réjouissaient du retour de la paix. Le vieux chêne, satisfait, remercia Gisèle et Drago pour leur bravoure et leur détermination.

"Vous avez prouvé que vous aviez des cœurs purs et une véritable volonté d'aider les autres," dit le vieux chêne. "La Forêt Enchantée est maintenant en sécurité, et vous avez accompli une grande chose."

Gisèle et Drago remercièrent le vieux chêne et se dirigèrent vers la savane. De retour à Dinoville, ils furent accueillis en héros. Les petits animaux qui avaient été si inquiets accueillirent Gisèle et Drago avec des acclamations et des fêtes. Gisèle, heureuse d'avoir pu aider ses amis et de réaliser son souhait, décida de partager les fruits magiques de la forêt avec tous les habitants de la savane.

La savane entière célébra la bravoure et la gentillesse de Gisèle et Drago. Les fruits magiques apportèrent une joie immense et des journées spéciales à tous les animaux. Gisèle continua à explorer et à rêver, tout en gardant dans son cœur la leçon précieuse qu'elle avait apprise : même les plus grands défis peuvent être surmontés avec courage, compassion, et une volonté d'aider les autres.

Et ainsi, Gisèle la girafe géante devint une légende de la savane, inspirant tous les animaux avec ses aventures extraordinaires et sa gentillesse infinie.

The Giant Giraffe and the Mystery of the Enchanted Forest

In a vast savanna where the sky was always a brilliant blue, lived a giraffe named Gisèle. Gisèle was not an ordinary giraffe; she was a giant giraffe, much taller than her friends. With her elegant long neck that seemed to touch the clouds and her graceful legs that swayed like rolling hills, Gisèle was the tallest and kindest creature in the savanna.

All the animals in the savanna admired Gisèle not only for her imposing size but also for her enormous heart and unparalleled kindness. Gisèle loved exploring the hidden corners of the savanna, but her favorite place was the mysterious Enchanted Forest, a place surrounded by legends and mysteries.

The Enchanted Forest was known for its gigantic trees whose branches seemed to brush the sky and its glowing flowers that emitted a soft light at night. But there was something even more mysterious in the forest: an old enchanted oak tree said to have the power to grant the most cherished wishes.

One morning, as the sun was slowly rising and the birds were singing joyfully, Gisèle decided to visit the Enchanted Forest to make a special wish. For weeks, she had had a very important dream: she wished that all the animals in the savanna could taste the magical fruits that grew only in the forest, whose taste was so delicious that they could make any day special.

As she approached the forest, Gisèle encountered a group of small animals who looked distressed. There was a turtle named Théo, a rabbit named Léon, and a hedgehog named Hélène. Théo was particularly agitated, his little paws trembling.

"What's wrong, my friends?" asked Gisèle with a gentle and comforting voice.

Théo replied anxiously, "The Enchanted Forest is in danger! Strange noises have been heard last night, and the great river that runs through the forest has become turbulent. We're afraid something terrible is happening."

Gisèle bent down to look at the worried faces of the small animals. She had heard stories about strange phenomena in the Enchanted Forest, but she had never seen anything like this. She immediately decided that she must help her friends and save the forest.

"Don't worry," she said confidently. "I will go and see what's happening in the Enchanted Forest. Perhaps I can find a way to calm the river and restore peace to the forest."

With her friends' encouragement, Gisèle set off towards the Enchanted Forest. She walked carefully, her large eyes observing the majestic trees and the glowing flowers lining the path. As she approached the turbulent river, she heard strange noises and saw flashes of green light illuminating the trees.

The river had indeed become turbulent, with waves crashing and splashes of water everywhere. Gisèle moved cautiously towards the river, her long legs stepping carefully on the slippery stones. She looked around to try to understand what might be causing such chaos.

It was then that she spotted a strange silhouette behind a large rock. It was a small dragon, with shimmering scales and big curious eyes. The dragon seemed to be juggling with balls of green light that created the strange flashes in the river.

"Hello," said Gisèle in a friendly voice. "I'm Gisèle, and I've come here to see why the river has become so agitated. Can you explain what's happening?"

The dragon, a young dragon named Drago, lowered the balls of light and looked at Gisèle with an apologetic expression.

"I'm really sorry," Drago said timidly. "I'm Drago, and I'm learning to control my light powers. Last night, I accidentally let out flashes of light into the river, which caused this turmoil. I didn't mean to cause any trouble."

Gisèle, with a heart full of compassion, understood that Drago meant no harm. She bent down to reassure him.

"It's okay, Drago. We can work together to solve this problem. Maybe you could help me calm the river and restore balance to the forest."

Drago nodded gratefully and began to help Gisèle. Together, they tried various methods to calm the river, but nothing seemed to work. The flashes of green light continued to dart and the waves remained turbulent.

Suddenly, Gisèle remembered the old legend of the enchanted oak tree. According to the legend, the oak had the power to restore balance to the forest and bring peace. She suggested to Drago that they seek the help of the old oak.

Together, they made their way to the center of the forest where the old oak stood. The oak was immense and majestic, with branches extending like protective arms. Gisèle and Drago stood before the oak and explained their situation.

"Venerable Oak," said Gisèle respectfully, "we need your help. The river has become turbulent, and we need to restore balance to the forest. Can you help us solve this problem?"

The old oak, with a deep and resonant voice, replied, "I can help you, but to restore balance, you must prove that you have a pure heart and a willingness to help others. You must accomplish a difficult task: bring the water from the Source of Wisdom, hidden at the top of the Mountain of Stars."

Gisèle and Drago immediately accepted the challenge. The Mountain of Stars was known for its steep slopes and dangerous paths. They set off, determined to accomplish the task and save the Enchanted Forest.

The journey was arduous. They had to cross deep ravines, climb steep rocks, and make their way through thorny bushes. But Gisèle, with her imposing size and long legs, helped Drago overcome the obstacles. Drago, in turn, used his light powers to illuminate the path and fend off hostile creatures.

After several days of effort, they finally reached the summit of the Mountain of Stars. There, they found the Source of Wisdom, a crystal-clear fountain flowing gently amidst a garden of glowing flowers. Gisèle and Drago filled a large container with the water from the source and began their descent.

The return was faster, as they now had a new source of energy and motivation. Upon arriving at the old oak, Gisèle and Drago poured the water from the source into the turbulent river. As soon as the water touched the surface, the river began to calm, the waves subsiding and the flashes of green light fading away.

The Enchanted Forest regained its calm and original beauty. The trees swayed gently, the flowers glowed even brighter, and the animals rejoiced at the return of peace. The old oak, satisfied, thanked Gisèle and Drago for their bravery and determination.

"You have proven that you have pure hearts and a true willingness to help others," said the old oak. "The Enchanted Forest is now safe, and you have accomplished something great."

Gisèle and Drago thanked the old oak and made their way back to the savanna. Upon returning to Dinoville, they were welcomed as heroes. The small animals who had been so worried greeted Gisèle and Drago with cheers and celebrations. Gisèle, happy to have helped her friends and realized her wish, decided to share the magical fruits of the forest with all the inhabitants of the savanna.

The entire savanna celebrated Gisèle and Drago's bravery and kindness. The magical fruits brought immense joy and special days to all the animals. Gisèle continued to explore and dream, while keeping in her heart the valuable lesson she had learned: even the greatest challenges can be overcome with courage, compassion, and a willingness to help others.

And so, Gisèle the giant giraffe became a legend of the savanna, inspiring all the animals with her extraordinary adventures and infinite kindness.

Le Souris Magique et la Grand-Mère Enchantée

Il était une fois, dans un petit village paisible appelé Montfleuri, une charmante maison avec un toit en chaume et des murs en pierre. C'était la maison de Mémé Marguerite, une grand-mère connue pour ses histoires merveilleuses et ses biscuits faits maison. Tout le monde à Montfleuri savait que chez Mémé Marguerite, les biscuits étaient si délicieux qu'ils faisaient sourire même les personnes les plus grincheuses.

Mémé Marguerite vivait seule avec son fidèle chat, Félix. Félix était un chat très paresseux qui passait la majorité de ses journées à dormir sur le coussin préféré de Mémé Marguerite. La vie était tranquille pour Mémé Marguerite, jusqu'au jour où une petite souris audacieuse fit son apparition dans le grenier.

Cette souris s'appelait Maxime, et il était loin d'être une souris ordinaire. Maxime avait des yeux vifs, des oreilles pointues, et un nez toujours en mouvement. Il était le genre de souris qui aimait l'aventure et avait une passion particulière pour les fromages odorants. Maxime vivait dans le grenier de la maison depuis qu'il avait décidé de faire de Montfleuri son nouveau chez-soi.

Un matin ensoleillé, alors que Mémé Marguerite préparait ses biscuits, Maxime entendit une conversation fascinante depuis le grenier. Il se glissa hors de sa cachette et écouta attentivement. La grand-mère parlait à Félix, son chat, avec une excitation inhabituelle.

"Félix, tu sais ce que je viens de découvrir ?" demanda Mémé Marguerite avec enthousiasme. "Un livre ancien dans la bibliothèque a révélé un secret incroyable ! Il paraît qu'il y a une recette magique capable de réaliser un vœu. Mais il me manque un ingrédient très spécial pour que la recette fonctionne."

Maxime, qui adorait les mystères autant que les fromages, décida qu'il devait découvrir ce secret. Il se faufila en bas, se cachant derrière une pile de livres pour observer Mémé Marguerite de plus près.

"Mmm... un ingrédient spécial, tu dis ?" murmura Maxime à lui-même. "Cela semble intéressant ! Peut-être puis-je aider."

Mémé Marguerite continua de discuter avec Félix, sans se douter que Maxime était là, en train de tendre l'oreille. Elle expliqua que l'ingrédient manquant était une fleur très rare, la "Fleur d'Étoile", qui ne poussait que dans un endroit mystérieux appelé le Jardin des Lumières.

Maxime décida qu'il était grand temps d'aider Mémé Marguerite. Il se lança dans une aventure pour trouver la Fleur d'Étoile. C'était une tâche difficile, mais Maxime était déterminé.

Maxime se mit en route dès que Mémé Marguerite partit pour le marché pour acheter des ingrédients pour ses biscuits. Il avait entendu dire que le Jardin des Lumières se trouvait au-delà de la Forêt Mystérieuse, un endroit connu pour ses sentiers tortueux et ses créatures étranges.

En entrant dans la forêt, Maxime fit attention à chaque bruit et à chaque mouvement. Les arbres étaient hauts et sombres, et les feuilles créaient un tapis de bruit sous ses petites pattes. Maxime ne se laissa pas décourager et avança avec détermination. Il savait que la Fleur d'Étoile était sa mission et il était prêt à tout pour la trouver.

Au bout de quelques heures de marche, Maxime rencontra un écureuil nommé Sacha qui avait l'air très occupé. Sacha était en train de remplir sa cachette de noisettes et de baies.

"Bonjour, Sacha !" dit Maxime. "Je suis à la recherche du Jardin des Lumières. Pourriez-vous me dire comment y parvenir ?"

Sacha regarda Maxime avec curiosité. "Ah, le Jardin des Lumières ! C'est un endroit magnifique mais difficile à trouver. Il se dit que seul un véritable cœur courageux peut le trouver. Mais je peux te donner un indice : il te faut suivre le chemin des lucioles lorsque la nuit tombe."

Maxime remercia Sacha pour son aide et continua son chemin. Quand le soleil se coucha, les lucioles commencèrent à apparaître, illuminant la forêt avec leurs petites lumières scintillantes. Maxime suivit les lucioles à travers les sentiers sinueux, espérant qu'elles le conduiraient vers le Jardin des Lumières.

Après une longue nuit de marche, Maxime arriva enfin au Jardin des Lumières. C'était un endroit éblouissant, rempli de fleurs étincelantes et de lumières magiques. Les fleurs brillaient dans des couleurs incroyables – bleu, violet, rose et or – créant un spectacle féerique.

Maxime explora le jardin, émerveillé par sa beauté. Il chercha la Fleur d'Étoile, en espérant la trouver parmi les nombreuses fleurs éclatantes. Soudain, il aperçut une lueur particulière au centre du jardin. Il se dirigea vers elle et découvrit une magnifique fleur, aux pétales dorés, illuminée par une lumière douce et brillante.

"Voilà la Fleur d'Étoile !" s'exclama Maxime avec enthousiasme. "J'ai trouvé ce que je cherchais !"

Maxime se précipita pour prendre la fleur avec soin, se demandant comment il allait la transporter jusqu'à Mémé Marguerite. Il se rendit compte qu'il avait besoin d'un moyen sûr pour la ramener à la maison.

À ce moment-là, un papillon brillant, aux ailes multicolores, se posa près de Maxime. Le papillon avait observé Maxime depuis un moment.

"Bonjour," dit le papillon d'une voix douce. "Je m'appelle Lila. J'ai vu que vous avez trouvé la Fleur d'Étoile. Puis-je vous aider à la transporter ?"

Maxime accepta avec gratitude l'offre de Lila. Ensemble, ils trouvèrent un petit panier dans lequel ils placèrent délicatement la Fleur d'Étoile. Lila vola à côté de Maxime, lui servant de guide pendant qu'il retournait à travers la forêt.

Le voyage de retour fut plus rapide grâce à Lila, qui éclairait le chemin avec ses ailes lumineuses. Maxime et Lila arrivèrent enfin à la maison de Mémé Marguerite, juste à temps avant qu'elle ne rentre du marché.

Maxime entra discrètement dans la maison et plaça la Fleur d'Étoile sur la table de la cuisine. Il se cacha derrière un rideau pour observer la réaction de Mémé Marguerite.

Lorsque Mémé Marguerite rentra, elle trouva la fleur et la regarda avec émerveillement. Elle était ébahie par sa beauté et son éclat magique. Elle se tourna vers Félix, le chat, avec un grand sourire.

"Regarde, Félix ! La Fleur d'Étoile est là ! Je peux enfin réaliser mon vœu !" dit-elle joyeusement.

Mémé Marguerite suivit les instructions du livre ancien et prépara la recette magique avec la Fleur d'Étoile. Elle versa les ingrédients dans un grand bol et murmura des mots enchantés. Une lueur dorée illumina la cuisine, et un délicieux parfum se répandit dans toute la maison.

Quand la magie se dissipa, Mémé Marguerite découvrit que la recette avait produit des biscuits extraordinaires. Ils étaient encore plus délicieux que les précédents, avec un goût qui rappelait les étoiles et la douceur des rêves.

Maxime sortit de sa cachette et s'approcha timidement de Mémé Marguerite. "Bonjour, Mémé Marguerite. J'ai apporté la Fleur d'Étoile pour vous. J'espère qu'elle vous a aidée."

Mémé Marguerite regarda Maxime avec une surprise ravie. "Oh ! C'est vous, Maxime ! Vous avez fait un travail incroyable. Grâce à vous, j'ai pu préparer ces biscuits magiques. Et je suis sûre que vous êtes celui qui mérite le plus de les goûter."

Elle invita Maxime à s'asseoir à la table et lui donna un biscuit encore chaud. Maxime croqua dedans et se sentit transporté dans un rêve sucré. Les biscuits étaient si merveilleux qu'il en avait les yeux écarquillés.

"Merci, Mémé Marguerite. C'était une aventure incroyable," dit Maxime, le sourire aux lèvres.

Mémé Marguerite décida de partager les biscuits avec tous les habitants de Montfleuri. Chaque personne qui goûtait les biscuits sentait une vague de bonheur et de magie les envahir. Les biscuits devinrent célèbres dans tout le village, et les gens venaient de loin pour en goûter un.

Maxime devint un héros local, connu pour sa bravoure et sa gentillesse. Mémé Marguerite et Maxime continuèrent à se voir régulièrement, partageant des histoires et des biscuits faits maison. Félix, le chat paresseux, était content d'avoir de la compagnie et ne se lassait pas de dormir près du radiateur en compagnie de Maxime.

Ainsi, Maxime et Mémé Marguerite vécurent de nombreuses autres aventures ensemble. Ils découvrirent que la magie se trouvait souvent dans les petites choses et que les amitiés les plus inattendues pouvaient apporter des trésors inestimables.

Et ainsi, à Montfleuri, les histoires de Mémé Marguerite et de la souris magique Maxime devinrent des légendes, rappelant à tous que la véritable magie réside dans les actes de gentillesse et dans les cœurs courageux.

The Magic Mouse and the Enchanted Grandma

Once upon a time, in a peaceful little village called Montfleuri, there was a charming house with a thatched roof and stone walls. This was the home of Grandma Marguerite, a grandmother known for her wonderful stories and homemade cookies. Everyone in Montfleuri knew that at Grandma Marguerite's house, the cookies were so delicious they made even the grumpiest people smile.

Grandma Marguerite lived alone with her faithful cat, Felix. Felix was a very lazy cat who spent most of his days sleeping on Grandma Marguerite's favorite cushion. Life was peaceful for Grandma Marguerite until one day, a bold little mouse made its appearance in the attic.

This mouse was named Maxime, and he was far from an ordinary mouse. Maxime had bright eyes, pointy ears, and a nose always twitching. He was the kind of mouse who loved adventure and had a particular passion for smelly cheeses. Maxime had decided to make Montfleuri his new home and had been living in the attic of the house.

One sunny morning, as Grandma Marguerite was preparing her cookies, Maxime heard an intriguing conversation from the attic. He scampered out of his hiding place and listened carefully. Grandma was talking to Felix, her cat, with unusual excitement.

"Felix, do you know what I've just discovered?" Grandma Marguerite asked excitedly. "An old book in the library revealed an incredible secret! It seems there's a magical recipe that can grant a wish. But I'm missing one very special ingredient for the recipe to work."

Maxime, who loved mysteries as much as cheeses, decided he needed to uncover this secret. He sneaked downstairs, hiding behind a stack of books to watch Grandma Marguerite more closely.

"Mmm... a special ingredient, you say?" Maxime murmured to himself. "This sounds interesting! Maybe I can help."

Grandma Marguerite continued talking to Felix, unaware that Maxime was there, listening intently. She explained that the missing ingredient was a very rare flower, the "Star Flower," which only grew in a mysterious place called the Garden of Lights.

Maxime decided it was high time he helped Grandma Marguerite. He set off on an adventure to find the Star Flower. It was a daunting task, but Maxime was determined.

Maxime set off as soon as Grandma Marguerite left for the market to buy ingredients for her cookies. He had heard that the Garden of Lights was beyond the Mysterious Forest, a place known for its winding paths and strange creatures.

Entering the forest, Maxime paid close attention to every sound and movement. The trees were tall and dark, and the leaves created a carpet of noise under his tiny paws. Maxime was undeterred and moved forward with determination. He knew that finding the Star Flower was his mission and he was ready for anything.

After a few hours of walking, Maxime encountered a busy squirrel named Sacha. Sacha was busy filling his stash with nuts and berries.

"Hello, Sacha!" said Maxime. "I'm looking for the Garden of Lights. Can you tell me how to get there?"

Sacha looked at Maxime with curiosity. "Ah, the Garden of Lights! It's a beautiful but hard-to-find place. It's said that only a truly brave heart can find it. But I can give you a hint: you need to follow the fireflies when night falls."

Maxime thanked Sacha for his help and continued on his way. When the sun set, the fireflies began to appear, lighting up the forest with their tiny, twinkling lights. Maxime followed the fireflies through the winding paths, hoping they would lead him to the Garden of Lights.

After a long night of walking, Maxime finally arrived at the Garden of Lights. It was a dazzling place, filled with glowing flowers and magical lights. The flowers sparkled in incredible colors – blue, purple, pink, and gold – creating a fairy-tale spectacle.

Maxime explored the garden, marveling at its beauty. He searched for the Star Flower, hoping to find it among the many glowing blooms. Suddenly, he spotted a special glow in the center of the garden. He moved towards it and discovered a magnificent flower with golden petals, illuminated by a soft, radiant light.

"Here it is, the Star Flower!" exclaimed Maxime with excitement. "I've found what I was looking for!"

Maxime hurried to carefully take the flower, wondering how he would transport it back to Grandma Marguerite. He realized he needed a safe way to bring it home.

At that moment, a brilliant butterfly with multicolored wings landed near Maxime. The butterfly had been watching Maxime for a while.

"Hello," said the butterfly in a gentle voice. "I'm Lila. I saw that you found the Star Flower. Can I help you carry it?"

Maxime gratefully accepted Lila's offer. Together, they found a small basket in which they carefully placed the Star Flower. Lila flew beside Maxime, guiding him as he made his way back through the forest.

The return journey was quicker thanks to Lila, who illuminated the path with her glowing wings. Maxime and Lila finally arrived at Grandma Marguerite's house, just in time before she returned from the market.

Maxime entered quietly and placed the Star Flower on the kitchen table. He hid behind a curtain to watch Grandma Marguerite's reaction.

When Grandma Marguerite came home, she found the flower and looked at it with wonder. She was amazed by its beauty and magical glow. She turned to Felix, the cat, with a big smile.

"Look, Felix! The Star Flower is here! I can finally make my wish come true!" she said joyfully.

Grandma Marguerite followed the instructions from the old book and prepared the magical recipe with the Star Flower. She mixed the ingredients in a large bowl and whispered enchanted words. A golden light filled the kitchen, and a delicious aroma spread throughout the house.

When the magic subsided, Grandma Marguerite discovered that the recipe had produced extraordinary cookies. They were even more delicious than before, with a taste that reminded her of stars and the sweetness of dreams.

Maxime emerged from his hiding place and approached Grandma Marguerite timidly. "Hello, Grandma Marguerite. I brought the Star Flower for you. I hope it helped."

Grandma Marguerite looked at Maxime with delighted surprise. "Oh! It's you, Maxime! You did an amazing job. Thanks to you, I was able to make these magical cookies. And I'm sure you're the one who deserves to taste them the most."

She invited Maxime to sit at the table and gave him a still-warm cookie. Maxime took a bite and felt transported into a sweet dream. The cookies were so wonderful that his eyes widened in amazement.

"Thank you, Grandma Marguerite. It was an incredible adventure," said Maxime, smiling.

Grandma Marguerite decided to share the cookies with all the inhabitants of Montfleuri. Everyone who tasted the cookies felt a wave of happiness and magic wash over them. The cookies became famous throughout the village, and people came from far and wide to taste them.

Maxime became a local hero, known for his bravery and kindness. Grandma Marguerite and Maxime continued to meet regularly, sharing stories and homemade cookies. Felix, the lazy cat, was happy to have company and never tired of sleeping by the radiator with Maxime.

Thus, Maxime and Grandma Marguerite lived many more adventures together. They discovered that magic often lay in the small things and that the most unexpected friendships could bring invaluable treasures.

And so, in Montfleuri, the stories of Grandma Marguerite and the magical mouse Maxime became legends, reminding everyone that true magic resides in acts of kindness and in courageous hearts.

Éléonore l'Éléphant et le Concours de Chanson Éblouissant

Il était une fois, dans un grand parc aux arbres immenses et aux fleurs colorées, une éléphante nommée Éléonore. Éléonore n'était pas une éléphante comme les autres. Elle avait une passion incroyable pour la musique, et elle possédait une voix si belle qu'elle pouvait enchanter tous les animaux du parc. Mais, malgré son talent, elle était connue pour être un peu timide.

Tous les matins, Éléonore se rendait à son endroit préféré, un petit coin tranquille près de la rivière, pour chanter ses chansons. Les oiseaux s'arrêtaient pour l'écouter, les grenouilles dansaient en rythme, et même les poissons semblaient faire des bulles au son de sa voix. Mais Éléonore avait un rêve secret : elle voulait participer au grand Concours de Chanson Éblouissant, le plus prestigieux concours de chant de la jungle.

Le Concours de Chanson Éblouissant était une compétition annuelle où les animaux venaient de toute la jungle pour montrer leurs talents musicaux. Le gagnant recevait un magnifique trophée en or en forme de note de musique et un chèque de mille bananes, ce qui était une somme considérable pour n'importe quel animal.

Éléonore avait toujours voulu participer, mais sa timidité l'en empêchait. Elle craignait de ne pas être assez bonne et de faire rire les autres animaux. Pourtant, cette année-là, quelque chose en elle avait changé. Elle se sentait prête à briser sa coquille et à montrer au monde son talent.

Un matin ensoleillé, alors qu'Éléonore chantait son air préféré près de la rivière, elle entendit un bruit familier. C'était Gracie, la grenouille chanteuse, qui sautillait avec enthousiasme.

“Bonjour, Éléonore !” cria Gracie en sautant. “As-tu entendu les nouvelles ? Le Concours de Chanson Éblouissant approche à grands pas ! Les inscriptions sont ouvertes !”

Éléonore se retourna, un sourire timide sur ses lèvres. “Oui, Gracie, j’ai entendu parler du concours. Mais je ne suis pas certaine de vouloir participer.”

Gracie cligna des yeux avec une expression déterminée. “Mais pourquoi pas ? Tu as une voix magnifique ! Je suis sûre que tu ferais sensation !”

Éléonore soupira. “Je suis juste un peu nerveuse. J’ai peur que les autres animaux se moquent de moi si je ne chante pas bien.”

Gracie se posa sur une pierre et regarda Éléonore avec compassion. “Éléonore, tout le monde est nerveux avant un grand concours. Mais la seule façon de surmonter ta peur est de te lancer. Si tu ne tentes pas ta chance, tu ne sauras jamais ce dont tu es capable.”

Ces paroles résonnèrent dans l’esprit d’Éléonore. Elle savait que Gracie avait raison. Alors, en prenant une grande inspiration, elle prit une décision courageuse.

“D’accord, Gracie. Je vais m’inscrire au Concours de Chanson Éblouissant !”

Gracie sauta de joie. “C’est génial ! Nous devons nous préparer ! Je vais t’aider à répéter pour que tu sois prête le jour J.”

Les semaines suivantes furent un tourbillon d’activité pour Éléonore. Gracie devint son coach vocal et l’aida à choisir les meilleures chansons pour le concours. Elles passaient des heures à répéter, avec Gracie donnant des conseils sur cria technique vocale, le rythme, et même la manière de se tenir sur scène.

Chaque jour, Éléonore s'améliorait un peu plus. Elle chantait à pleins poumons, apprenant à maîtriser les nuances de sa voix et à contrôler son trac. Les autres animaux de la jungle commençaient à remarquer ses efforts. Le tigre Tarzan, le roi des animaux, l'encouragea en disant :

"Éléonore, je t'ai entendue répéter. Tu as une voix extraordinaire ! Je suis impatient de te voir en action lors du concours."

Éléonore rougit, mais elle se sentit encouragée par les mots de Tarzan. Les répétitions se poursuivirent avec une énergie renouvelée, et bientôt, le grand jour du concours arriva.

Le matin du Concours de Chanson Éblouissant, Éléonore se réveilla avec un mélange d'excitation et de nervosité. Elle se rendit au lieu du concours, un grand amphithéâtre en plein air décoré de guirlandes lumineuses et de fleurs multicolores.

L'endroit était bondé. Des animaux de toutes sortes étaient là pour participer ou pour assister au spectacle. Éléphants, lions, singes, oiseaux – tous étaient prêts à montrer leurs talents. Éléonore se dirigea vers les coulisses, son cœur battant la chamade.

Gracie était à ses côtés, l'encourageant. "N'oublie pas, Éléonore, chante comme si tu parlais au ciel. Laisse ta voix toucher les étoiles !"

Lorsque ce fut le tour d'Éléonore, elle se sentit un peu défaillir. Elle monta sur scène, sa grande silhouette se découpant contre le ciel étoilé. Les projecteurs se braquèrent sur elle, et le public retint son souffle en attendant de découvrir ce que l'éléphante allait offrir.

Éléonore prit une grande inspiration et commença à chanter. Sa voix s'éleva avec puissance et douceur, remplissant l'amphithéâtre d'une mélodie enchanteresse. Les notes flottaient dans l'air, apportant avec elles une magie que les animaux n'avaient jamais connue.

Au fur et à mesure qu'elle chantait, Éléonore se sentit de plus en plus à l'aise. Sa nervosité se dissipa, remplacée par une confiance nouvelle. Les animaux de l'audience étaient captivés. Même les plus grands critiques de la jungle, comme le paon Pablo et l'ours Oscar, ne pouvaient s'empêcher de sourire.

Quand Éléonore termina sa chanson, le public éclata en applaudissements. Les animaux se levaient en hurlant de joie, certains même avec des larmes de bonheur dans les yeux. Éléonore était éblouie par la réaction chaleureuse.

Gracie arriva sur scène, sautant de joie. "Tu as été incroyable, Éléonore ! Je suis tellement fière de toi !"

Éléonore, les larmes aux yeux, se sentit remplie d'une joie profonde. Elle avait surmonté ses peurs et avait donné le meilleur d'elle-même. Mais le concours n'était pas encore terminé.

Les juges, composés des animaux les plus respectés de la jungle, se réunirent pour délibérer. Le verdict serait annoncé plus tard dans la soirée. En attendant, Éléonore rejoignit ses amis dans les coulisses pour partager le moment.

La nuit tomba, et les lumières scintillantes du concours créèrent une atmosphère magique. Les juges montèrent sur scène pour annoncer le gagnant. Le cœur d'Éléonore battait fort, mais elle savait qu'elle avait donné tout ce qu'elle avait.

Le président du jury, un vieux sage éléphant nommé Éléphantus, prit le micro. "Mes chers amis, nous avons vu de nombreux talents ce soir, mais il y a une performance qui nous a tous émus et enchantés. Le gagnant du Concours de Chanson Éblouissant de cette année est... Éléonore !"

Les applaudissements éclatèrent, plus forts que jamais. Éléonore se précipita sur scène, où elle reçut le trophée en or en forme de note de musique des mains d'Éléphantus. Les yeux brillants de fierté, elle remercia tout le monde pour leur soutien et leur gentillesse.

Gracie, Tarzan, et tous les amis d'Éléonore l'entourèrent pour la féliciter. Le chèque de mille bananes était un bonus bienvenu, mais pour Éléonore, la véritable récompense était le soutien et l'amour qu'elle avait reçus de ses amis et du public.

"Merci à tous !" s'exclama Éléonore avec émotion. "Je n'aurais jamais pu le faire sans vous. Vous m'avez aidée à croire en moi et à réaliser mon rêve."

Après le concours, Éléonore continua à chanter avec passion. Sa victoire lui avait donné une nouvelle confiance en elle, et elle utilisait désormais son talent pour apporter de la joie à tous les animaux de la jungle. Elle se produisait souvent pour les écoles locales, les fêtes de village, et même les rassemblements communautaires.

Gracie, toujours à ses côtés, l'aidait à organiser des spectacles et à écrire de nouvelles chansons. Ensemble, elles créaient des spectacles qui éblouissaient les spectateurs et apportaient de la joie dans les cœurs de la jungle.

Les concerts d'Éléonore devinrent des événements incontournables dans la jungle, attirant des foules de plus en plus grandes. Les animaux venaient de loin pour l'écouter, et chaque performance était un véritable enchantement.

Ainsi, Éléonore l'Éléphant devint une légende dans la jungle, non seulement pour son talent musical, mais aussi pour son courage et sa détermination. Elle avait prouvé que même les plus timides pouvaient réaliser leurs rêves avec un peu de confiance et de soutien.

Et dans le grand parc aux arbres immenses et aux fleurs colorées, Éléonore continua à chanter, apportant magie et bonheur à tous ceux qui avaient la chance de l'écouter. Sa voix, autrefois timide, était maintenant un symbole d'inspiration pour tous les animaux de la jungle, rappelant à chacun que la musique a le pouvoir de transformer et d'élever les esprits.

Eleanor the Elephant and the Dazzling Singing Contest

Once upon a time, in a large park with towering trees and colorful flowers, there lived an elephant named Eleanor. Eleanor was not an ordinary elephant. She had an incredible passion for music, and she possessed a voice so beautiful that it could enchant all the animals in the park. But despite her talent, she was known to be a bit shy.

Every morning, Eleanor would go to her favorite spot, a quiet nook by the river, to sing her songs. The birds would stop to listen, the frogs would dance along, and even the fish seemed to bubble to the sound of her voice. But Eleanor had a secret dream: she wanted to enter the grand Dazzling Singing Contest, the most prestigious singing competition in the jungle.

The Dazzling Singing Contest was an annual event where animals from all over the jungle came to showcase their musical talents. The winner would receive a magnificent golden trophy shaped like a musical note and a check for one thousand bananas, which was a considerable amount for any animal.

Eleanor had always wanted to participate, but her shyness had held her back. She was afraid she wouldn't be good enough and that other animals would laugh at her. However, this year, something had changed within her. She felt ready to break out of her shell and show the world her talent.

One sunny morning, as Eleanor sang her favorite tune by the river, she heard a familiar noise. It was Gracie, the singing frog, hopping around with excitement.

"Hello, Eleanor!" Gracie croaked cheerfully. "Have you heard the news? The Dazzling Singing Contest is coming up soon! The registration is open!"

Eleanor turned around, a shy smile on her lips. "Yes, Gracie, I've heard about the contest. But I'm not sure I want to enter."

Gracie blinked with determination. "But why not? You have an amazing voice! I'm sure you'd make a sensation!"

Eleanor sighed. "I'm just a bit nervous. I'm afraid the other animals will mock me if I don't sing well."

Gracie hopped onto a rock and looked at Eleanor with compassion. "Eleanor, everyone is nervous before a big contest. But the only way to overcome your fear is to take the plunge. If you don't try, you'll never know what you're capable of."

These words resonated in Eleanor's mind. She knew Gracie was right. So, taking a deep breath, she made a courageous decision.

"Alright, Gracie. I'll sign up for the Dazzling Singing Contest!"

Gracie jumped for joy. "That's wonderful! We need to prepare! I'll help you practice so you'll be ready for the big day."

The following weeks were a whirlwind of activity for Eleanor. Gracie became her vocal coach and helped her choose the best songs for the contest. They spent hours rehearsing, with Gracie offering tips on vocal technique, rhythm, and even stage presence.

Every day, Eleanor improved a little more. She sang with full force, learning to master the nuances of her voice and control her stage fright. The other animals in the jungle began to notice her efforts. Tiger Tarzan, the king of the animals, encouraged her by saying:

"Eleanor, I've heard you practicing. You have an extraordinary voice! I'm looking forward to seeing you perform at the contest."

Eleanor blushed but felt encouraged by Tarzan's words. The rehearsals continued with renewed energy, and soon, the big day of the contest arrived.

On the morning of the Dazzling Singing Contest, Eleanor woke up with a mix of excitement and nervousness. She made her way to the contest venue, a grand open-air amphitheater adorned with twinkling lights and colorful flowers.

The place was packed. Animals of all kinds were there to participate or to watch the show. Elephants, lions, monkeys, birds – all were ready to showcase their talents. Eleanor headed backstage, her heart pounding.

Gracie was by her side, cheering her on. "Remember, Eleanor, sing as if you're talking to the sky. Let your voice touch the stars!"

When it was Eleanor's turn, she felt a bit faint. She stepped onto the stage, her large figure silhouetted against the starry sky. The spotlight focused on her, and the audience held their breath, waiting to see what the elephant would offer.

Eleanor took a deep breath and began to sing. Her voice rose with power and softness, filling the amphitheater with an enchanting melody. The notes floated in the air, bringing with them a magic that the animals had never experienced.

As she sang, Eleanor grew more and more comfortable. Her nervousness melted away, replaced by newfound confidence. The animals in the audience were spellbound. Even the most critical animals in the jungle, like Peacock Pablo and Bear Oscar, couldn't help but smile.

When Eleanor finished her song, the audience erupted in applause. The animals stood up, cheering loudly, some even with tears of joy in their eyes. Eleanor was dazzled by the warm reaction.

Gracie joined her on stage, jumping with joy. "You were amazing, Eleanor! I'm so proud of you!"

Eleanor, tears in her eyes, felt a deep joy. She had overcome her fears and had given her best. But the contest was not over yet.

The judges, made up of the most respected animals in the jungle, gathered to deliberate. The verdict would be announced later in the evening. In the meantime, Eleanor joined her friends backstage to share the moment.

Night fell, and the twinkling lights of the contest created a magical atmosphere. The judges came on stage to announce the winner. Eleanor's heart raced, but she knew she had given everything she had.

The head judge, an old wise elephant named Elephantus, took the microphone. "Dear friends, we have seen many talents tonight, but there is one performance that moved and enchanted us all. The winner of this year's Dazzling Singing Contest is... Eleanor!"

The applause was louder than ever. Eleanor rushed to the stage, where she received the golden trophy shaped like a musical note from Elephantus. With eyes shining with pride, she thanked everyone for their support and kindness.

Gracie, Tarzan, and all of Eleanor's friends gathered around to congratulate her. The check for one thousand bananas was a welcome bonus, but for Eleanor, the true reward was the support and love she had received from her friends and the audience.

"Thank you all!" Eleanor exclaimed with emotion. "I couldn't have done it without you. You helped me believe in myself and realize my dream."

After the contest, Eleanor continued to sing with passion. Her victory had given her a new confidence, and she now used her talent to bring joy to all the animals in the jungle. She performed regularly for local schools, village festivals, and even community gatherings.

Gracie, always by her side, helped her organize shows and write new songs. Together, they created performances that dazzled the audience and brought joy to the hearts of the jungle inhabitants.

Eleanor's concerts became must-see events in the jungle, attracting larger and larger crowds. Animals came from far and wide to listen to her, and each performance was a true enchantment.

Thus, Eleanor the Elephant became a legend in the jungle, not only for her musical talent but also for her courage and determination. She had shown that even the shyest can achieve their dreams with a bit of confidence and support.

And in the grand park with towering trees and colorful flowers, Eleanor continued to sing, bringing magic and happiness to all who had the chance to hear her. Her once-shy voice was now a symbol of inspiration for all the jungle animals, reminding everyone that music has the power to transform and uplift spirits.

Le Fabuleux Voyage de Léonard le Cheval

Dans un petit village paisible, niché entre des collines verdoyantes et des champs dorés, vivait un cheval nommé Léonard. Léonard était un cheval très spécial, non seulement à cause de ses belles robes ébène et neige, mais aussi en raison de son incroyable capacité à rêver en grand. Tandis que la plupart des chevaux se contentaient de brouter de l'herbe et de galoper dans les champs, Léonard passait ses journées à imaginer des aventures fantastiques au-delà des collines.

Chaque soir, alors que le soleil se couchait, Léonard se mettait sous son vieux chêne préféré et se plongeait dans ses rêves les plus fous. Il rêvait de trésors cachés, de châteaux enchantés, et surtout de se rendre dans des endroits lointains qu'aucun cheval n'avait jamais visités. Ses amis chevaux, Bertie le Cheval de Trait et Daisy la Jument, trouvaient ses rêves un peu farfelus, mais Léonard ne se laissait pas décourager. Il croyait fermement qu'un jour, il vivrait une aventure extraordinaire.

Léonard vivait dans une écurie confortable avec ses amis. L'écurie, avec ses murs en bois peint en bleu ciel et ses fenêtres ornées de rideaux à rayures, était un endroit où les chevaux se sentaient aimés et protégés. Mais Léonard savait que pour réaliser ses rêves, il devait un jour quitter cet endroit sûr et confortable.

Un matin d'été, alors que les rayons du soleil perçaient à travers les rideaux, Léonard décida que le moment était venu. Il avait entendu parler d'un concours d'aventure pour animaux qui se tiendrait dans la grande ville au-delà des collines. Le gagnant recevrait une médaille en or et un voyage autour du monde. Léonard était déterminé à participer.

Léonard se lança dans ses préparatifs avec une énergie débordante. Il avait entendu parler des incroyables défis qui l'attendaient : une course de vitesse contre un guépard, une épreuve d'équilibre sur un pont étroit, et même une chasse au trésor à travers des labyrinthes complexes. Mais Léonard n'était pas intimidé. Il se lança dans un entraînement intensif, courant à travers les champs, nageant dans le lac et même faisant des exercices d'équilibre en utilisant des troncs d'arbres.

Ses amis, bien qu'inquiets, lui apportaient tout le soutien dont il avait besoin. Bertie l'encourageait avec des bruits de hennissements enthousiastes, tandis que Daisy lui donnait des conseils avisés sur comment garder son calme et sa concentration. La veille de son départ, les chevaux organisèrent une petite fête en l'honneur de Léonard, avec des carottes, des pommes et des pommes de terre en cadeau. Tout le monde était fier de Léonard et espérait qu'il réussirait à réaliser son rêve.

Le matin de son départ, Léonard se réveilla avec une sensation d'excitation dans le ventre. Il dit adieu à ses amis, qui lui firent des adieux émus. "N'oublie pas, Léonard," dit Daisy avec un sourire encourageant, "sois courageux et crois en toi-même. Nous sommes tous derrière toi !"

Avec ses provisions soigneusement emballées dans une grande sacoche en toile, Léonard prit son chemin vers la grande ville. Les collines verdoyantes étaient derrière lui, et une nouvelle aventure l'attendait.

En arrivant à la grande ville, Léonard était ébloui par la vue. Les immeubles en hauteur brillaient au soleil, et les rues étaient bondées de véhicules et de personnes pressées. La ville semblait immense par rapport à son petit village. Léonard était à la fois excité et un peu nerveux. Il se dirigea vers le lieu du concours, un immense stade en plein air décoré de guirlandes colorées et de bannières flottantes.

Il s'inscrivit au concours et reçut un numéro pour participer aux épreuves. Le jour du concours, Léonard se leva tôt pour se préparer. Il se rendit sur le terrain d'entraînement, où il rencontra d'autres concurrents

: un léopard rapide, un éléphant équilibriste, et un perroquet chanteur, parmi d'autres animaux fascinants.

Les épreuves commencèrent, et Léonard était prêt. La première épreuve était la course de vitesse. Léonard se positionna aux côtés du guépard, un félin agile et rapide. Le coup de feu retentit, et les deux concurrents partirent en trombe. Léonard donna tout ce qu'il avait, ses sabots frappant le sol avec puissance. Il ne gagna pas la course, mais il se classa honorablement en deuxième position, ce qui le fit se sentir extrêmement fier.

La deuxième épreuve était un test d'équilibre. Léonard devait marcher sur un pont étroit sans tomber. Les autres animaux observaient avec étonnement alors que Léonard, en dépit de ses grandes pattes, avançait avec une grâce inattendue. Il réussit cette épreuve avec brio, remportant les applaudissements de la foule.

La dernière épreuve était la chasse au trésor. Les concurrents devaient résoudre des énigmes et trouver des indices disséminés dans tout le stade. Léonard usa de toute son astuce et de son flair pour résoudre les énigmes. Avec patience et persévérance, il trouva le trésor caché dans un vieux coffre en bois, rempli de pièces dorées et d'un parchemin ancien.

Les résultats furent annoncés en fin de journée. Léonard attendit avec impatience. Les concurrents se regroupèrent autour du podium, leurs cœurs battant la chamade. Les juges montèrent sur scène pour faire les annonces. Léonard était nerveux mais aussi plein d'espoir.

"Le gagnant du Concours d'Aventure est..." commença le juge principal. Léonard retint son souffle. "Léonard le Cheval !"

Les cris de joie éclatèrent dans le stade. Léonard monta sur scène, où il reçut la médaille en or des mains du juge. Il était stupéfait et ravi. "Merci à tous !" s'exclama-t-il. "Je suis tellement heureux d'avoir eu la chance de participer et de vivre cette incroyable aventure."

Après la cérémonie, Léonard fut entouré de nombreux animaux qui venaient lui offrir leurs félicitations. Parmi eux se trouvait le léopard, le perroquet, et même l'éléphant. Tous étaient impressionnés par le courage et la détermination de Léonard.

Le lendemain matin, Léonard commença son voyage de retour vers son village. La ville était encore plus belle sous la lumière du matin. Léonard se sentait différent. Il avait non seulement remporté le concours, mais il avait également acquis une confiance en lui qu'il n'avait jamais eue auparavant.

En traversant les collines, Léonard réfléchissait à tout ce qu'il avait vécu. Les défis avaient été difficiles, mais ils avaient aussi été incroyablement gratifiants. Il était impatient de retrouver ses amis et de leur raconter ses aventures.

À son arrivée dans le village, Léonard fut accueilli comme un héros. Les chevaux se précipitèrent pour le féliciter, et une grande fête fut organisée en son honneur. Tout le monde était ravi de le voir revenir avec la médaille en or. Les enfants du village couraient autour de lui, demandant des histoires sur ses aventures.

Léonard raconta ses expériences avec enthousiasme. Ses amis l'écoutaient avec admiration, et les histoires des défis qu'il avait relevés faisaient briller les yeux des plus jeunes. "Je n'aurais jamais pu le faire sans votre soutien," dit Léonard avec sincérité. "Vous m'avez donné la force de croire en moi-même et de réaliser mes rêves."

Les semaines passèrent, et la vie dans le village reprit son cours normal. Léonard continua à partager ses histoires avec les enfants et à inspirer ses amis avec ses expériences. Il devint une figure emblématique, un exemple de courage et de détermination pour tous les habitants du village.

Il décida aussi de mettre ses talents à profit pour aider les autres. Léonard commença à organiser des aventures pour les jeunes chevaux du village, leur apprenant à surmonter leurs peurs et à croire en leurs rêves. Chaque été, il organisait des courses amusantes, des chasses au trésor, et des jeux qui permettaient aux jeunes chevaux de développer leurs compétences et de s'amuser tout en apprenant.

Le village prospéra grâce à l'enthousiasme et à la passion de Léonard. Les enfants grandissaient avec des rêves plus grands et une confiance accrue. Léonard avait prouvé que peu importe combien grand ou petit on est, il est possible de réaliser ses rêves avec du courage et de la détermination.

Et ainsi, Léonard le Cheval, le héros du village, continua à inspirer et à apporter joie et sagesse à tous ceux qu'il rencontrait. Ses aventures étaient devenues une légende locale, et il savait que la véritable magie ne réside pas seulement dans les trésors ou les récompenses, mais dans le voyage et les rêves que l'on ose poursuivre.

The Fabulous Journey of Leonard the Horse

In a peaceful little village nestled between verdant hills and golden fields, lived a horse named Leonard. Leonard was not an ordinary horse, not just because of his stunning black-and-white coat, but also because of his incredible capacity for grand dreams. While most horses were content grazing grass and galloping in the fields, Leonard spent his days dreaming of fantastic adventures beyond the hills.

Each evening, as the sun set, Leonard would settle under his favorite old oak tree and dive into his wildest dreams. He dreamed of hidden treasures, enchanted castles, and, most importantly, of traveling to far-off places no horse had ever visited. His horse friends, Bertie the Draft Horse and Daisy the Mare, found his dreams a bit silly, but Leonard was undeterred. He firmly believed that one day, he would embark on an extraordinary adventure.

Leonard lived in a cozy stable with his friends. The stable, with its sky-blue wooden walls and striped curtain-adorned windows, was a place where horses felt loved and protected. But Leonard knew that to realize his dreams, he would one day have to leave this safe and comfortable place.

One summer morning, as Leonard sang his favorite tune by the river, he decided the time had come. He had heard about an adventure contest for animals that would be held in the big city beyond the hills. The winner would receive a golden medal and a trip around the world. Leonard was determined to enter.

Leonard threw himself into preparations with boundless energy. He had heard of the incredible challenges ahead: a speed race against a cheetah, a balance test on a narrow bridge, and even a treasure hunt through complex mazes. But Leonard was not intimidated. He embarked on a rigorous training regimen, running through fields, swimming in the lake, and even practicing balance on tree trunks.

His friends, though worried, gave him all the support he needed. Bertie cheered him on with enthusiastic whinnies, while Daisy offered wise advice on how to stay calm and focused. The night before his departure, the horses threw a small party in Leonard's honor, with carrots, apples, and potatoes as gifts. Everyone was proud of Leonard and hoped he would achieve his dream.

On the morning of his departure, Leonard woke with a feeling of excitement in his belly. He said goodbye to his friends, who gave him emotional farewells. "Don't forget, Leonard," said Daisy with an encouraging smile, "be brave and believe in yourself. We're all behind you!"

With his supplies neatly packed in a large canvas bag, Leonard set off for the big city. The verdant hills were behind him, and a new adventure awaited.

Upon arriving in the big city, Leonard was dazzled by the sight. The tall buildings glistened in the sun, and the streets were crowded with vehicles and busy people. The city seemed immense compared to his small village. Leonard felt both excited and a little nervous. He made his way to the contest venue, a massive open-air stadium decorated with colorful garlands and fluttering banners.

He signed up for the contest and received a number to participate in the events. On the day of the contest, Leonard woke up early to prepare. He headed to the training ground, where he met other competitors: a speedy leopard, a balancing elephant, and a singing parrot, among other fascinating animals.

The events began, and Leonard was ready. The first event was the speed race. Leonard lined up next to the cheetah, a swift and agile feline. The starting shot fired, and the two competitors took off. Leonard gave it his all, his hooves pounding the ground with power. He didn't win the race but finished a respectable second, which made him feel extremely proud.

The second event was a balance test. Leonard had to walk on a narrow bridge without falling. Other animals watched in awe as Leonard, despite his large hooves, advanced with unexpected grace. He completed this event with flying colors, earning applause from the crowd.

The final event was the treasure hunt. Competitors had to solve riddles and find clues scattered throughout the stadium. Leonard used all his cunning and flair to solve the riddles. With patience and perseverance, he found the hidden treasure in an old wooden chest filled with golden coins and an ancient parchment.

The results were announced at the end of the day. Leonard waited eagerly. Competitors gathered around the podium, their hearts pounding. The judges came on stage to make the announcements. Leonard was nervous but also full of hope.

"The winner of the Adventure Contest is..." began the head judge. Leonard held his breath. "Leonard the Horse!"

Cheers erupted in the stadium. Leonard trotted onto the stage, where he received the golden medal from the judge. He was astonished and delighted. "Thank you all!" he exclaimed. "I am so happy to have had the chance to participate and live this incredible adventure."

After the ceremony, Leonard was surrounded by many animals who came to offer their congratulations. Among them was the leopard, the parrot, and even the elephant. All were impressed by Leonard's courage and determination.

The next morning, Leonard began his journey back to his village. The city looked even more beautiful in the morning light. Leonard felt different. He had not only won the contest but also gained a confidence he had never had before.

As he crossed the hills, Leonard reflected on everything he had experienced. The challenges had been tough, but they had also been incredibly rewarding. He was eager to reunite with his friends and share his adventures.

Upon returning to the village, Leonard was greeted as a hero. The horses rushed to congratulate him, and a grand celebration was held in his honor. Everyone was thrilled to see him return with the golden medal. The village children ran around him, asking for stories about his adventures.

Leonard shared his experiences with enthusiasm. His friends listened with admiration, and the stories of the challenges he had faced made the younger ones' eyes shine. "I couldn't have done it without your support," Leonard said sincerely. "You gave me the strength to believe in myself and achieve my dreams."

Weeks passed, and life in the village returned to normal. Leonard continued to share his stories with the children and inspire his friends with his experiences. He became an iconic figure, an example of courage and determination for all the villagers.

He also decided to use his talents to help others. Leonard began organizing adventures for the young horses in the village, teaching them to overcome their fears and believe in their dreams. Every summer, he held fun races, treasure hunts, and games that allowed the young horses to develop their skills and have fun while learning.

The village thrived thanks to Leonard's enthusiasm and passion. Children grew up with bigger dreams and increased confidence. Leonard had proven that no matter how big or small you are, you can achieve your dreams with courage and determination.

And so, Leonard the Horse, the village hero, continued to inspire and bring joy and wisdom to all he met. His adventures had become a local legend, and he knew that true magic lay not just in treasures or rewards but in the journey and the dreams one dares to pursue.